Im Märchenwald ist heut Konzert

Rosemarie Hottenrott

Im Märchenwald ist heut Konzert

Eine Fernsehgeschichte für Kinder
Mit Liedern von Wolfgang Richter
nach Gedichten von Christamaria Fiedler
und mit Bildern von Konrad Golz

VERLAG NEUE MUSIK BERLIN

Es ist früh am Morgen. Im Haus schlafen noch alle – bis auf Pittiplatsch, der ein klein wenig die Augen aufmacht und der Sonne einen Gutenmorgengruß zublinzelt.

Der Tag heut wird besonders schön, denn alle Märchenwaldbewohner wollen am Abend zu einem Waldkonzert zusammenkommen, an dem sich jeder beteiligen darf.

Davon allerdings weiß Pittiplatsch, der immer lustige, kleine Kobold, noch nichts. Im Moment freut er sich nur darüber, daß er beim Weckerklingeln noch nicht aufzustehen braucht. Er kann sich ruhig noch einmal auf die andere Seite drehen. Schnatterinchen, das Entenmädchen, sorgt für den Kleinsten in der Schneiderstube wie eine große Schwester, und darum hüpft sie auch immer als erste aus den Federn.

Auch Mischka, der kleine braune Teddybär, brummt noch im Schlaf. Sicher träumt er von einem Glas süßer Honigmilch . . .

„Brrrr“ macht da der große, dicke Schneiderwecker.

„Brrrr“ ruft Pittiplatsch vergnügt. Schnatterinchen und Mischkabär springen aus ihren Schlafkörbchen gleich zum Wasserhahn hinüber. Oh, wie das prustet und spritzt bei der Morgenwäsche! Nach einer ganzen Weile erst erhebt sich Pittiplatsch. Zu dicht geht er aber an die beiden nicht heran. Nein, Wasserspritzen mag er überhaupt nicht.

„Komm, Pittiplatsch!“ ruft Schnatterinchen. „Wasch dich endlich! Und wenn du Lust hast, kannst du uns heute zur Waldschule begleiten.“

„Ich komme ja schon! Zieht euch ruhig an! Pittiplatsch muß erst seinen Schlafpantoffel auslüften.“

Schnatterinchen bindet ihre neue Schleife um und Mischka seinen weißen Kragen. Inzwischen ist Pitti auch schon unter dem Wasserhahn. Und eins, zwei, drei ist er fertig.

Zu spät ruft Schnatterinchen: „Aber keine Katzenwäsche, bitte!“ Keiner hat gesehen, wie wunderschön wieselflink der Waschlappen wieder einmal über Pittis Hals gesaust ist!

Nach dem gemeinsamen Frühstück nehmen Schnatterinchen und

Mischka ihre Schulmappen. Pitti hängt seine Brottasche um. Bis zur Schule wird er die beiden Großen begleiten.
Aber an der großen Tanne, wo jeden Morgen Kater Mauz und Häschen Hoppel, die unzertrennlichen Freunde, auf ihre Mitschüler warten, ist heute kein Hasenlöffel und kein Katerschwanz zu sehen. Das kleine Haus am Waldsee, die Bank davor, der Angelsteg, die Fischbratküche – alles liegt einsam im tiefen Märchenwald.
„Daß ich daran nicht gedacht habe", erinnert sich Schnatterinchen, „Kater und Häschen wollten doch noch die Einladung für das Waldkonzert zeichnen. Bestimmt sind sie heut schon zeitiger in die Schule gegangen."
„Was? Heute ist ein Waldkonzert? Und Pittiplatsch, der Liebe, weiß überhaupt nichts davon? Und ist auch gar nicht eingeladen worden? Wo er doch noch nie in einem richtigen Waldkonzert mitgesungen hat! Schöne Freunde seid ihr! Dann geht Pitti eben allein und singt das allerschönste Lied."
Ganz empört läßt Pitti seine Freunde stehen und läuft davon. Die aber sind nun ganz ratlos. Was haben sie nur falsch gemacht?
„Aber, Pittiplatsch!" ruft Schnatterinchen noch. „Wir wollen doch ein gemeinsames Lied singen und nachher mit dir üben!"
Das hört Pittiplatsch schon nicht mehr. Er ist auf den kleinen Weg zum Waldsee abgebogen. Er merkt auch nicht, daß jemand hinter dem Busch alles beobachtet hat und ihm nun heimlich folgt.
Schnatterinchen und Mischka können sich jetzt nicht mehr um Pitti kümmern. Die Schule fängt gleich an.
„Bis Mittag ist Pittiplatsch vernünftig geworden", meint Schnatterinchen. „Dann üben wir gemeinsam unser Lied. – Aber, was meinst du, Mischka, er wird sich doch nicht verlaufen?"
„Mach dir keine Sorgen! Pitti kennt den Weg zur Schneiderstube im Schlaf. Jetzt hat er sein Böckchen, das muß er erst vertreiben."
Mischka ist zuversichtlich. Aber er weiß, man hätte Pitti von dem Waldkonzert wirklich früher erzählen müssen. Das findet auch Schnat-

terinchen. Auch, wenn sie noch so viel mit den Vorbereitungen zu tun hatten.
Pittiplatsch läuft geradewegs auf den Waldsee zu. Oh, er ist sehr böse. Mit Schnatterinchen, seiner allerbesten Freundin; mit Mischka und den anderen. War er vielleicht zu klein, um dabei zu sein?
Platsch–quatsch! Denen wird er es aber zeigen! Heute abend, jawohl! Natürlich wird er ein Lied singen. Ganz allein. Ein wunderschönes Lied. Aber, soviel er auch überlegt, ihm fällt im Moment einfach kein hübsches Lied ein. Haben wir gleich, denkt Pitti, erst einmal in Ruhe frühstücken. Dabei verschwindet dann auch der Ärger aus dem Bauch.
Gedacht, getan. Aus der Brottasche duftet es würzig. Hm, Pfefferkuchen! Es schmeckt vorzüglich. Die Möhre löscht ein wenig den Durst. Pittiplatsch merkt schon, wie der Ärger davonfliegt. Er blickt die hohen Tannen empor und läßt sich von der Sonne die Nase kitzeln. Hatschi! Ach, wenn ihm doch bloß ein Lied einfiele! Es soll das lustigste des ganzen Waldkonzertes werden.

Doch was ist das plötzlich für ein Gequake?

„Was Frösche für einen Krach machen können!“ wundert sich Pitti laut. „Das ist ja ein richtiges Froschkonzert! – Ach, du meine Nase. Die üben vielleicht auch ein Lied?“

Neugierig schleicht er sich heran. Die Schilfhalme wiegen sich im Wind. Für einen Augenblick kann Pitti den kleinen Steg sehen, auf dem er sich oft mit Kater Mauz zum Angeln trifft. Aber auf dem Steg steht jetzt jemand und quakt mit den Fröschen um die Wette. Wer kann denn das sein? Mauz ist doch in der Schule, das weiß Pittiplatsch genau. Vielleicht träumt er nur?

Vorsichtshalber kneift sich Pitti in den linken Zeh. „Au!“ schreit er. Also ist es doch kein Traum.

Die Gestalt auf dem Steg ist sehr erschrocken. Sie fängt gleich an zu schimpfen: „Hat man denn so etwas schon gehört, einen so zu erschrecken? – Unerhört!“

Das ist Frau Elster! Alle im Märchenwald kennen sie. Sie weiß alles, hört alles, und mit ihrem besten Freund, Herrn Fuchs, hat sie viel Streit. Sie will ihn ja nur erziehen, sagt sie jedenfalls. Aber Herr Fuchs läßt sich das nicht gefallen.

Jetzt, am frühen Morgen, versucht Frau Elster, mit einem großen Holzlöffel Waldsee-Frösche zu fangen und sie in ihr mitgebrachtes Einweckglas zu setzen.

„Was treibst du dich denn allein hier herum?“ fährt sie Pitti an. „Siehst du denn nicht, daß du mich bei einer wichtigen Arbeit störst?“

„Ach, du meine Nase. Ich wollte doch nur mal nachsehen, warum die Frösche so quaken“, antwortet Pittiplatsch. Er wagt sich nun etwas näher heran. Frau Elster hat das Glas auf ihren kleinen Wagen gestellt. Ein paar Frösche sitzen bereits darin und hopsen empört quakend hin und her.

„Was wollen Sie denn mit den kleinen Quakern anfangen, Frau Elster?“ will Pittiplatsch wissen. Weil er nun höflich fragt, antwortet die Elster freundlicher: „Du hast wohl noch nichts von unserem Waldkonzert gehört? Weil ich nicht gerade die beste Stimme habe, sollen die

Frösche für mich singen. Aber du darfst das auf keinen Fall dem Herrn Fuchs verraten. Der will nämlich nicht mit mir singen. Er meint, ich krächze wie ein Rabe. Soll er sich nur wundern, wenn ich den ersten Preis erhalte!"

Bei den letzten Worten der Frau Elster knackt es verdächtig im nahen Gebüsch. Pittiplatsch muß doch unbedingt mal nachsehen, wer sich da versteckt hat . . .

Aber Frau Elster schimpft schon wieder: „Diese dummen Frösche! Immer, wenn ich sie auf dem Löffel habe und sie die Tonleiter üben sollen, hüpfen sie mir weg und lachen mich auch noch aus. Es ist ein Jammer!"

Lied der Frau Elster

Schon zum ersten Frühstück gibt es
süßen Mückenbrei
und zum Mittag knusprig leckres
Fliegenallerlei.
Selbst die kleinste Mahlzeit wird ein Festtagsschmaus. –
Doch die dummen Frösche lachen mich nur aus.
Dazu quakt der Quäk . . .

Die Frösche hüpfen bei jedem Quak im Wasser herum. Etwas so lustiges hat Pittiplatsch lange nicht gesehen. Außerdem ist er von den Froschhopsern pitschnaß geworden. Auch Frau Elster schüttelt ärgerlich ihr Federkleid aus.

Das Lied, meint Pitti, sollte Frau Elster unbedingt am Abend beim Waldkonzert vortragen. Sie kann viel besser singen, als sie denkt. Und Spaß versteht sie eigentlich auch . . .

„Ach, du meine Nase", ruft Pitti, „die Frösche machen sich selbständig! Es sind nur noch wenige in Ihrem Weckglas, Frau Elster! Fahren Sie schnell nach Hause, sonst haben Sie gar keinen mehr für Ihren Chor. Und vergessen Sie nicht, einen Fahrstuhl in das Glas einzubauen!"

Frau Elster bedankt sich und fährt schnell mit ihrem Wägelchen nach Hause. „Auf Wiedersehen, Pittiplatsch! Und wenn ich den ersten Preis gewinne, gebe ich dir davon etwas ab."
Nun will Pitti mal hören, was Familie Igel zum Waldkonzert vortragen will. Aber – hat da nicht jemand gekichert? Es spukt wohl neuerdings im Märchenwald? Platsch-quatsch! Das war jetzt sicher nur geträumt. Also, zweimal links abgebogen und dann den Wiesenweg entlang, und schon kann Pitti das Igelhaus sehen. Sein Freund Borstel und Mutter Igel sind gerade dabei, Wäsche aufzuhängen. Borstel möchte lieber spielen, aber er hat sich vorgenommen, erst seiner Mutti zu helfen. Frau Igel singt sehr gern. Und wenn Pitti richtig hört, ist das wohl schon wieder ein neues Lied.

Lied vom Sause-Brausewind

Wer fegt die Blätter ohne Besen
lustig durch das Gras?
Wer macht sich aus zersausten Zöpfen
einen Riesenspaß?
Wer kann den Regen bringen
und laut im Schornstein singen?
Der Wind, der Wind,
der Sause-Brausewind!

Wer rüttelt an dem letzten Apfel,
bis er runterfällt?
Wer nimmt den Drachen auf die Reise
mit um unsre Welt?
Wer wartet an den Ecken,
um uns zu erschrecken?
Der Wind, der Wind,
der Sause-Brausewind!

Rätsellieder mag Pittiplatsch besonders. Wenn Familie Igel den Sause-Brausewind heute beim Waldkonzert vorträgt, dann ist ihr ein Preis sicher. Pitti wird sich gewaltig anstrengen müssen, wenn ihm auch solch ein hübsches Lied einfallen soll.
Ein wenig traurig denkt er an Schnatterinchen und Mischka. Vielleicht hätte er doch mit ihnen gemeinsam etwas einüben sollen ... Ach, platsch-quatsch! Jetzt wird sich Pittiplatsch eben selbst helfen müssen. Der Wald ist so groß, da kann er noch viel sehen und hören. Schließlich bereiten sich ja alle Waldbewohner auf den Abend vor.
„Hallo, Putzi!" ruft Pittiplatsch überrascht, als er am Eichhörnchennest

vorbeikommt. „Warum bist du nicht in der Schule? Bist du krank?“ Eichhörnchen Putzi sieht über den Nestrand und springt lachend vom Baum herunter. „Aber, Pittiplatsch! Weißt du denn nicht, daß heute Waldkonzert ist? Da durften wir ein wenig früher nach Hause gehen. Und nun halte uns nicht weiter auf, mein Kleiner, ich muß noch mit meinen vier Brüdern und vier Schwestern unser Lied üben!“
Und schon ist Putzi wieder den Baum hinaufgehuscht und winkt noch einmal aus dem Nest. Im ersten Moment will Pitti weiter, dann aber überlegt er es sich und lauscht, was die Eichhörnchen heute abend singen werden.

Lied von den Eichhörnchen

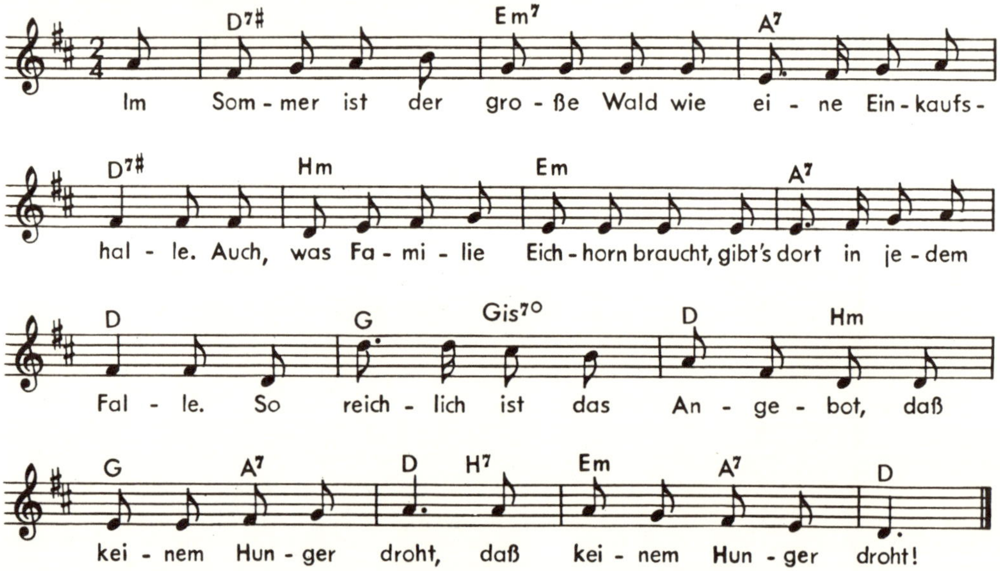

Im Winter hat das Waldgeschäft
für lange Zeit geschlossen.
Drum wird im Sommer schon gespart
und nicht nur froh genossen.
Manch Haselnuß wird, kaum entdeckt,
flink unterm Laub versteckt.

Nur ab und zu, da gibt es mal
bei Eichhorns großen Jammer.
Dann war der Nachbar Puschelschwanz
schon an der Speisekammer.
Es kommt auch vor, daß man vergißt,
wo was vergraben ist.

Doch wer im Sommer fleißig war
wie Eichhorns und die Kleinen,
der findet überall mal was,
das sollte man wohl meinen.
Und bis der Wald geöffnet hat,
wird jedes Eichhorn satt.

„Oh, je", seufzt Pitti laut. „Die Eichhörnchen sind ja mächtig fleißig. Jetzt schon an den Winter denken! Und überhaupt: wenn Pitti seine schönsten Leckerbisssen vergraben müßte ... Und ein Lied haben sie also auch schon!"

Die Melodie des Eichhörnchenliedes im Ohr, trabt Pitti weiter. Da klopft es. „Herein!" ruft Pittiplatsch. Eine Weile rührt sich nichts. Dann geht es wieder: Poch, poch, poch! Das kommt doch von oben, Pitti hört es genau. Er muß lange suchen, bis er hoch über seinem Kopf am Kiefernstamm einen hüpfenden Farbtupfer entdeckt: „Hallo, Meister Buntspecht! Wie geht es Ihnen? Hier ist Pittiplatsch, der Liebe!"

„Verstehe, verstehe", antwortet es von oben. „Aber lange kann ich nicht mit dir schwatzen. Dieser Baum sitzt voller Ungeziefer: Kribbelkrabbelkäfer, Raupen und andere kleine Räuber. Die muß ich alle herauspicken, damit die Kiefer gut gedeihen kann. Du siehst, ich habe zu tun. Außerdem muß ich mein Lied für das Konzert üben." Und zur Erklärung fügt er hinzu, als hätte er einen Schüler vor sich: „Ich singe ein Lied über die Spechte. Wie du sicherlich weißt, gibt es nicht nur uns Buntspechte. Meine Vettern, der Grünspecht und der Schwarzspecht, gehören auch zur Spechtfamilie. Sie sind größer und stärker als ich."

Lied vom Specht

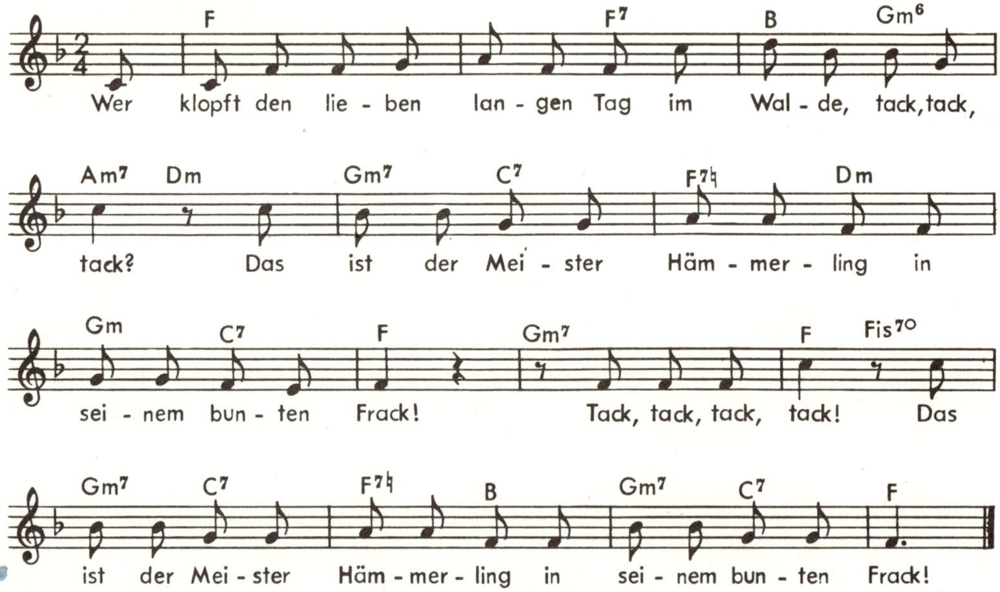

Mal pickt er sich zum Mittagsmahl
ein Würmchen raus, bum, bum!
Mal sieht er sich am Buchenstamm
nach einer Wohnung um.
Bum, bum, bum, bum!
Mal sieht er sich am Buchenstamm
nach einer Wohnung um.

Sein Appetit ist riesengroß,
man hört es ja: klopf, klopf!
Manch Schädling, der verschwindet flink
in seinem kleinen Kropf.
Klopf, klopf, klopf, klopf!
Manch Schädling, der verschwindet flink
in seinem kleinen Kropf.

Wer klopft den lieben langen Tag
im Walde, tack, tack, tack?
Hab Dank, du Meister Hämmerling
in deinem bunten Frack!
Tack, tack, tack, tack.
Hab Dank, du Meister Hämmerling
in deinem bunten Frack!

Als Meister Buntspecht geendet hat, sagt er: „Nanu, da habe ich doch eben etwas durch den Wald huschen sehen."

Pittiplatsch wundert sich gar nicht darüber. Es knistert und raschelt ja schon den ganzen Tag um ihn herum. „Vielleicht gibt es doch Waldgeister?“ Der Specht lacht ihn aus. „Ha, ha! Von wegen Waldgeister! Wer glaubt denn an Gespenster? Sag mir lieber, ob ich das Lied singen soll. Gefällt es dir?“

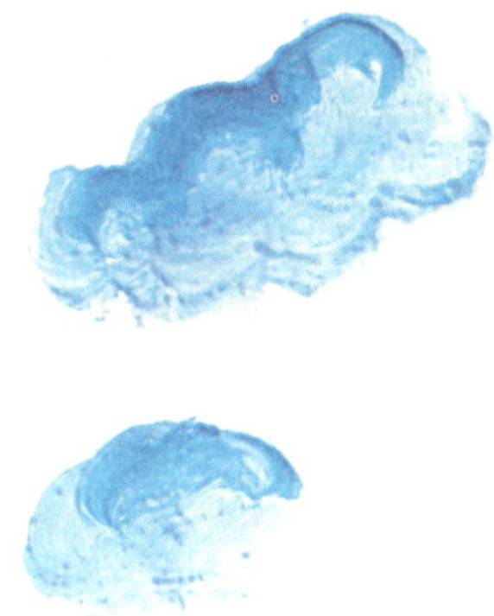

„Oh, das Lied ist einfach prima! Und lernen kann man auch etwas daraus. – Aber nun muß Pittiplatsch weiter. Er hat noch viel zu tun.“
Allmählich merkt Pitti, wie warm es geworden ist und wie müde seine Füße vom Wandern sind. Am Bach, der durch die kleine Waldwiese fließt, will er sich erfrischen und dann im weichen Moos ausruhen. Aber da entdeckt er neben sich eine Waldameisenstraße. Ameisen in endlosen Reihen, mit Tannennadeln oder kleinen Holzstückchen beladen, ziehen zu ihrem Ameisenbau. Täuscht sich Pittiplatsch, oder singen sie ganz leise ihr fröhliches Ameisenliedchen?

Lied von den Ameisen

Sie haben keine Autos
für jeglichen Transport.
Sie schleppen alles für den Bau
mit eignen Kräften fort.
Das sind die emsigen Bauleut . . .

Die kleinste Kiefernnadel
ist wie ein Balken schwer.
Und fällt sie einem auf den Zeh,
schmerzt es den Ärmsten sehr!
Das sind die emsigen Bauleut . . .

Und nach getaner Arbeit
schmeckt das Insektenei.
So hält ihr Abendbrot den Wald
von Ungeziefer frei.
Das sind die emsigen Bauleut . . .

Es wächst in unserm Walde
von Tag zu Tag ein Haus.
Wer feiert heute Richtfest
und gibt Himbeerbowle aus?
Das sind die emsigen Bauleut . . .

Na, bitte! Selbst die kleinsten Tiere des Waldes haben ihr Lied für den Singewettstreit. Nur Pitti weiß nicht, was er singen soll. Pitti wird ganz traurig bei diesem Gedanken, aber dann legt er sich auf den Bauch und beobachtet die emsigen Bauleute: Wie flink sie immer wieder neues Material heranholen! Ihr Ameisenhügel ist schon so groß, daß Pitti nicht darüber hinwegsehen kann.
„He, ihr fleißigen Ameisen!" ruft er. „Wollt ihr nicht mal eine Verschnaufpause einlegen?"
„Nicht mehr lange", piepst da eine besonders winzige Ameise, „und die Sonne steht hoch am Himmel. Dann ist es Mittagszeit und wir ruhen uns ein wenig aus. Heute abend haben wir nämlich etwas vor. Wir gehen zum Waldkonzert und kommen sicher spät ins Bett. Vorher aber muß noch eine Wohnung fertigwerden. Mach's gut!"
Jetzt sucht sich Pitti aber endlich ein schattiges Plätzchen. Er wird erst sein Mittagsschläfchen halten und dann schnell nach Hause gehen. Wie dumm von ihm, so allein, ohne seine Freunde, durch den Wald zu laufen. Er hat viel gesehen, viel gehört, Neues kennengelernt und vom Leben der anderen Märchenwaldbewohner erfahren. Aber ein Lied ist ihm nicht eingefallen. Schnatterinchen und Mischka hatten bestimmt längst eine prima Idee. Ob sie ihn wohl noch mitsingen lassen?

Eben will Pittiplatsch die Augen schließen, da raschelt es doch schon wieder im Gebüsch. Zum Kuckuck! schimpft Pitti innerlich und reibt sich vor Müdigkeit die Augen. Will ihn einer ärgern? Oder war es nur eine Ringelnatter, die sich zum Sonnen einen schönen, warmen Stein sucht?
Da fällt ihm doch beinahe ein Tannenzapfen auf die Nase. – „Ach, du bist's!" Pitti ist erleichtert, als er Onkel Uhu entdeckt, der gerade auf einem Ast gelandet ist. „Hast du mich etwa gesucht?"
„Uhuuu, natürlich suche ich dich!" sagt Onkel Uhu streng. „Unser Pittiplatsch auf Wanderschaft! Hast du dir nicht überlegt, daß sich deine Freunde sorgen könnten?"
Pittiplatsch ist sehr verlegen. Wirklich dumm von ihm, so einfach wegzulaufen. Aber es dauert nicht lange, bis er entschlossen antwortet: „Weißt du was, Onkel Uhu? Pittiplatsch ruht sich jetzt ein wenig aus, und dann läuft er eins, zwei, fix nach Hause. Er kann ja noch immer ein Lied mit Schnatterinchen und Mischkabär einüben, platschquatsch! – Aber, sag einmal, kennst du nicht ein schönes Mittagsschlafliedchen?" Zu Hause in der Schneiderstube singt ihn Meister Nadelöhr nämlich manchmal in den Mittagsschlaf.
Onkel Uhu überlegt einen Augenblick. „Wie wär's mit dem?"

Lied vom Mittagsschlaf

Herr Specht läßt längst das Klopfen sein,
weil es die andern stört.
Frau Feldmaus schnarcht im Haferbett,
was nur der Hamster hört.
Die Sonne schielt zur Rathausuhr
und seufzt: „Ein Viertelstündchen nur."
Dann deckt sie sich mit einer Wolke zu.
Nun schlaf auch du!

Da fallen selbst Onkel Uhu die Augen zu. Für eine Stunde ist es ganz still im Märchenwald. Zur Mittagsruhe hört auch der Buntspecht auf zu klopfen . . .

Kreuzschnabel und Kreuzspinne! Bei dieser brütenden Sonnenhitze läuft Herr Fuchs durch den Wald. Er ist sehr enttäuscht, denn wenn nicht Onkel Uhu dazwischengekommen wäre, hätte Pittiplatsch niemals bemerkt, wie geschickt und listig, er, der Herr Fuchs, seinen Spuren gefolgt ist.
Den ganzen Vormittag hat er damit vertrödelt. Schließlich wollte sich doch Pittiplatsch das schönste Lied für das Waldkonzert einfallen lassen. Nichts davon! Nun ist er, der arme Herr Fuchs, ganz schön blamiert. Er hat nicht einmal den Spaß, Pittiplatschs große Kulleraugen zu sehen. Denn heute abend wollte er an dessen Stelle das „allerschönste Waldlied" als eigene Schöpfung vortragen. Ja, um die Wahrheit zu sagen, Herrn Fuchs ist auch keine vernünftige Idee gekommen. – Ja, was soll der Fuchs nun machen? Erschöpft nimmt er auf der Bank vor seinem Fuchsbau Platz und erfrischt sich erst einmal mit kühlem Traubensaft.
„Ich kann doch nicht wie Frau Igel ein Lied vom Sause-Brausewind singen. Schließlich bin ich der Herr Fuchs und keine Waschfrau!"
Auch das Lied der Eichhörnchen oder der gute Einfall vom Meister Buntspecht behagen ihm nicht. Sein Lied muß ganz anders sein. Frau Elster, diese komische Person, ist eigentlich gar nicht so dumm. Die Idee mit dem Froschkonzert war recht gut. Andere für sich singen zu lassen! Natürlich nicht Frösche, die immer gleich davonhüpfen. Tja, aber wen könnte man dann einfangen?
Herr Fuchs überlegt sehr lange.
Ach, du grüner Tannenzapfen! Daß er nicht gleich darauf gekommen ist! Er wird mit den Fischen im Waldsee einen Chor bilden. Die quaken nicht immer so vorlaut dazwischen.
„Oh, Herr Fuchs!" hört er schon die Märchenwaldbewohner sagen. „Sie sind der Klügste weit und breit!"

Schnell noch einen kühlen Schluck aus der Flasche, und stracks geht er zum Schuppen hinüber, um seinen Kescher zu holen. – Da hört er ein ängstliches Piepsen. Sollte das etwa aus seinem Schuppen kommen?
Vorsichtig schaut er durch den Türspalt. Ein Spatz hat sich in seinen alten Schuppen verirrt. Aufgeregt flattert der arme Kerl hin und her.
„Kreuzotter und Kreuzschnabel!" ruft Herr Fuchs hocherfreut. „Das ist die Lösung! Mit Spatzen musiziert es sich noch leichter als mit Fischen. Einen hab ich schon, und aus Piepsen kann noch Singen werden."
Der Fuchs setzt sich und überlegt, wie man wohl einen ganzen Spatzenchor zusammenbekommen könnte. Ja – so geht es! Rasch verschwindet er in seinem Bau. Es poltert und rumort eine Weile, dann kommt er mit einem Holzkäfig heraus.

Inzwischen ist Pittiplatsch aufgewacht. Er streckt und rekelt sich, – das war ein Schläfchen im kühlen Moos!

„Uhuuu", ruft es da von oben herab, „hast du endlich ausgeschlafen? Es wird Zeit! Der Nachmittag hat schon begonnen, und der Weg zur Schneiderstube ist weit."

„Mach dir keine Sorgen, Onkel Uhu. Pitti ist schon wieder ganz munter. Er läuft jetzt schnell nach Hause und wird mit Schnatterinchen und Mischka gemeinsam singen. Das weiß er schon!"

„Na, dann kann ich ja vorausfliegen", antwortet Onkel Uhu beruhigt. „Ich gebe deinen Freunden Bescheid, wie vernünftig Pittiplatsch geworden ist."

„Und sie sollen sich schon ausdenken, was wir heute singen werden!" ruft ihm Pittiplatsch noch hinterher. Er läuft an den fleißigen Ameisen vorbei und an dem kleinen Sandberg, wo man so gut Murmeln spielen kann. Überall zwischen grünen Blättern leuchten ihm die roten Walderdbeeren entgegen, die er morgen gern mit seinen Freunden pflücken möchte. Nicht weit von der alten Weide ist das Nest der Frau Elster.

Ach, du meine Nase! Pittiplatsch weiß gar nicht, was er sagen soll. Und das passiert nicht sehr oft. Frau Elster ist nämlich dabei, die Frösche zum Waldsee zurückzubringen. Dabei schimpft sie unaufhörlich: „Ihr bösen, undankbaren Geschöpfe! Da will euch die liebe Frau Elster das Singen lehren, und was tut ihr? Ihr quakt nur traurig in den Wald hinein. Fort mit euch!"

Sie fährt mit dem Wagen dicht an Pittiplatsch vorbei. Die Frösche springen ins Wasser und paddeln flink unter die Seerosenblätter. Nur einer hüpft noch auf einen Stein und macht laut: „Quaaak!"

Das hätte zwar Frau Elster heute morgen noch mehr verärgert, aber jetzt setzt sie sich nur erschöpft ins Gras. Oh, wie traurig sie ist . . .

Leise, damit sie nicht erschrickt, kommt Pittiplatsch näher. „Frau Elster, ich bin's, Pittiplatsch", sagt er. „Ich bin gerade auf dem Nachhauseweg. Mit Ihrem Chor hat es wohl nicht geklappt?"

Frau Elster schüttelt den Kopf: „Nein, die Frösche sind zu dumm. Sie wollen nicht, wie ich will. Ich muß mir etwas anderes ausdenken."

Gerade will Pittiplatsch sie einladen, bei Schnatterinchen und Mischkabär mitzusingen, da winkt Frau Elster ihn heran: „Pst, Pitti! Hörst du nicht die wunderbaren Sänger?"
Pittiplatsch lauscht angestrengt.
„Frau Elster, ich höre nur die Grillen."
„Dummer Junge! Was soll das heißen? Nur die Grillen? Lauf lieber nach Hause. Frau Elster wird sich einen neuen Chor fangen, aber nicht aus Fröschen, nein. Aus den schönsten Sängern weit und breit: den lieben, kleinen Grillen."
Schon ist Frau Elster auf der Jagd. Mit ihrem alten Hut hüpft sie über das Gras. Ob sie wohl damit einen Chor zusammenbekommt?
Kater Mauz und Häschen Hoppel, die unzertrennlichen Freunde, sind die nächsten, die Pitti über den Weg laufen. Sie spielen Fangen und sind ganz außer Atem.
„Laß uns ein wenig ausruhen", schnauft Hoppel, „ich kann nicht mehr!"
„Aber ich habe gewonnen", miaut Kater Mauz vergnügt.
„Gut, gut", lenkt Hoppel ein, „damit du Ruhe gibst! Wir müssen ja auch noch einmal das Lied üben!"
Pittiplatsch bleibt für eine Weile stehen und vergißt natürlich ganz, daß er längst zu Hause sein wollte.

Lied von den Freunden

Eins–zwei–drei,
unsre Zahl heißt zwei.
Einer langweilt sich zu sehr,
ja, zu zweit erlebt man mehr.
Eins–zwei–drei,
unsre Zahl heißt zwei.

Eins–zwei–drei,
mal gibts auch Geschrei.
Doch wir haben ausgemacht,
Böckchen werden ausgelacht.
Eins–zwei–drei,
mal gibts auch Geschrei.

Eins–zwei–drei,
Freunde sind wir zwei,
Freude wird nochmal so groß.
Kummer wiegt die Hälfte bloß.
Eins–zwei–drei,
Freunde sind wir zwei.

Während die beiden noch singen, ertönt ein Gezeter und Gepiepse, daß sich Pittiplatsch vor Schreck beinahe auf den Hosenboden setzt. Was ist denn dort drüben bei Herrn Fuchs los? Es schreit und schimpft aus dem Fuchsbau heraus, daß einem angst und bange werden kann.

Vorsichtig kommt Pittiplatsch näher. Ein bißchen ängstlich ist er ja, weil der Lärm gar nicht aufhören will, aber seine Neugier ist doch viel größer.

Ach, du meine Nase! So wütend war der Herr Fuchs ja schon lange nicht. Wer hat ihn denn so sehr geärgert? Frau Elster ist doch gar nicht in der Nähe – sie ist auf Grillenfang.

Plötzlich wird die Schuppentür aufgestoßen, und Herr Fuchs kommt heraus. In der Hand hält er einen Dirigentenstab, um den Hals trägt er seine neue Schleife, die völlig verrutscht ist.

„Kreuzspinne, diese dummen Vögel!" schimpft er. „Den ganzen Tag

machen sie Krach. Und jetzt wollen sie einfach nicht singen. Nur so ein klägliches Piepsen, und das schon seit einer Stunde. Diese Spielverderber! Das machen sie absichtlich!"

Böse stellt Herr Fuchs seinen alten Wecker auf einen Holzstoß und setzt sich erschöpft daneben.

„Pause!" ruft Pittiplatsch. Nun hat er sich verraten.

„Was treibst du dich denn hier herum?" fragt der Fuchs argwöhnisch. „Du schnüffelst wohl hinter mir her? Mach lieber, daß du nach Hause kommst, du Rumtreiber!"

„Nein, nein, Herr Fuchs. Ich wollte ja nach Hause. Aber hier war so ein Lärm, daß ich vor Schreck stehengeblieben bin. Was haben Sie denn da bloß im Schuppen eingesperrt?"

„Meine Spatzen", wettert Herr Fuchs los, „die den ganzen Tag fröhlich piepsen. Und jetzt wollen sie mir kein Lied für das Waldkonzert singen.

Wie stehe ich denn heute abend da?"
Ja, wie wird er dastehen? Mit einem schmucken Dirigentenstab in der Hand und ohne Chor?
Pitti folgt ihm in den Schuppen. Er öffnet die Tür ganz weit, um alles deutlich sehen zu können. Da steht ein Holzkäfig, in dem sich viele, viele Spatzen drängen und mit den Flügeln aufgeregt gegen die Gitterstäbe schlagen.
Herr Fuchs klopft mit seinem Taktstock an die Käfigtür: „Werdet ihr wohl endlich, ihr dummen Vögel?! Ich will heute abend den ersten Preis gewinnen!"
„Oh, Herr Fuchs, das ist aber gar nicht schön von Ihnen. Die Spatzen wollen nicht singen, weil sie eingesperrt sind. Lassen Sie doch die armen Kerle frei. Was glauben Sie, wie sie dann ..."
„Papperlapapp!" Herr Fuchs schüttelt energisch den Kopf. „Das könnte dir so passen! Natürlich werden sie dann jubilieren und musizieren, aber wegfliegen werden sie mir dann auch! Sie wollen nicht singen – und ich will sie nicht fliegen lassen. Was denkst du wohl, was ich alles nicht will. Heute früh wollte ich dir ja auch nicht nachgehen. Nur, weil du glaubtest, das schönste Lied für das Waldkonzert allein zu

finden, bin ich dir heimlich gefolgt. Kreuzschnabel und Kreuzspinne! Was bin ich da herumgelaufen! Ich war am Waldsee bei Frau Elster, habe Frau Igel und Borstel zugehört, kenne die Lieder von Familie Eichhörnchen und von Meister Buntspecht, selbst die Waldameisen habe ich heute besucht. Immer bin ich hinter Pittiplatsch her – für nichts und wieder nichts! Jetzt müssen mir die Spatzen aus der Patsche helfen, ob sie wollen oder nicht."

„Was sagen Sie da, Herr Fuchs? Darum hat es überall um mich herum geknistert und geknackt! Und Pittiplatsch, der Liebe, dachte wirklich schon, es gibt im Märchenwald Gespenster! Aber, das sage ich Ihnen, Herr Fuchs, daß Sie mir hinterhergeschlichen sind, das sollen heute abend alle Märchenwaldbewohner wissen. So etwas macht man nämlich nicht."

Oh, weh! Das ist dem Herrn Fuchs aber gar nicht angenehm.

„Sieh mal, Pittiplatsch", versucht er den Kleinen zu beruhigen, „ich wollte mir doch nur den ersten Preis holen. Alle sollten mich bewundern. Bei Frau Elster, dieser unmusikalischen Person, kam mir die Idee, selbst einen Chor zu dirigieren. Außerdem habe ich die Spatzen wirklich gut behandelt. Frag sie selbst! Sie haben frisches Wasser und Körner von mir bekommen. Wenn du mir versprichst, niemandem zu verraten, daß ich dir heut nachgeschlichen bin, lasse ich sie schweren Herzens frei. Einverstanden?"

„Einverstanden, Herr Fuchs!" Pitti ist ordentlich froh, daß Herr Fuchs so einsichtig geworden ist. Und natürlich wird er ihn nicht verpetzen.

Da fliegen sie aus ihrem Käfig, aus dem Schuppen in die Freiheit! Und jetzt zwitschert es auch wieder auf allen Zweigen. Die Spatzen haben ihr Lied wiedergefunden.

Nur Herr Fuchs hockt traurig neben dem leeren Vogelkäfig. Er hat keinen Spatzenchor mehr, und so sehr er sich auch bemüht, ihr fröhliches Lied zu verstehen, es will ihm nicht gelingen. So singt er schließlich selbst. Und wenn er auch ordentlich brummt und krächzt, – Pittiplatsch gefällt das Lied. Ulkige Reime, solche zum Zungenzerbrechen, mag er sowieso.

Lied des Herrn Fuchs

Pitti ist inzwischen auch eine gute Idee gekommen. „Wissen Sie was, Herr Fuchs“, sagt er begeistert, „Sie werden heute abend den Chor aller Märchenwaldbewohner dirigieren. Daß wir nämlich auch einen Dirigenten für unser Waldkonzert brauchen, daran hat bestimmt noch keiner gedacht!“

„Ist das dein Ernst, oder willst du mich veralbern, Pittiplatsch?“

„Aber, Herr Fuchs! Niemand will Sie veralbern! Sie können sich ganz auf Pittiplatsch, den Lieben, verlassen.“

„Und was wird Frau Elster dazu sagen, was meinst du?“

„Frau Elster wird stolz sein, einen so berühmten Dirigenten zum Freund zu haben!“

Das überzeugt Herrn Fuchs. „Gut, ich übernehme euren Chor! Aber nun lauf voraus, ich komme gleich nach. Schließlich muß sich so ein berühmter Dirigent erst noch erfrischen. Und die Schleife muß ich auch noch einmal bügeln.“

In bester Laune erreicht Pittiplatsch endlich das Schneiderhaus. Schnatterinchen und Mischka sitzen auf der Bank davor und warten auf ihren kleinen Freund.

Ein bißchen komisch ist Pitti schon zumute, als er die beiden begrüßt. Ob Schnatterinchen sehr mit ihm schimpfen wird, weil er sich den ganzen Tag im Wald herumgetrieben hat?

Schnatterinchen aber sieht den kleinen Dicken nur an: „Na, Pittiplatsch, gibt es ein Lied im Märchenwald, das ein Kobold wie du ganz allein singen kann?“

Pitti schüttelt den Kopf, und beide müssen lachen.

Nachdem Pittiplatsch sich gewaschen hat, bekommt er von Schnatterinchen einen Pfefferkuchen und ein Glas frische Milch. Gutgelaunt erzählt er ihr und Mischka seine Erlebnisse. Und schließlich verkündet er stolz, er habe Herrn Fuchs als Dirigenten für den heutigen Abend beauftragt.

„Wißt ihr was? Das Singen macht eigentlich erst richtig Spaß, wenn alle dabei sind. Sein Böckchen hat Pittiplatsch im Wald gelassen, und allein wird er auch nicht wieder loswandern.“

„Die Hauptsache ist“, meint Schnatterinchen, „daß man selbst merkt, wie dumm man sich benommen hat.“
Im Schein der untergehenden Sonne üben die beiden Großen vom Schneiderhaus mit Pittiplatsch, dem Lieben, ihr Lied für das Märchenwaldkonzert. Pitti lernt es in Windeseile. Er ist so froh, nun doch noch beim Singewettstreit auftreten zu können – auch ohne ein eigenes Lied.
Als es schon fast dunkel geworden ist, holt Mischka die Laternen aus dem Haus – für jeden eine. Herr Fuchs erscheint mit seinem blitzblanken Dirigentenstab und mahnt zur Eile.
Stolz geht er voraus, als Schnatterinchen, Mischka und Pittiplatsch mit ihren Laternen zur Waldwiese wandern.
Auch Frau Elster schwirrt herbei. „Beeilung!“ keucht Herr Fuchs. „Diese Person will noch vor uns an Ort und Stelle sein.“
Ist das ein fröhliches Treiben auf der Waldwiese! Ringsherum sind die Laternen aufgestellt, und in den Zweigen schaukeln lustige Monde. Dreimal muß Herr Fuchs mit dem Taktstock klopfen, bis es mucksmäuschenstill ist. Bevor der Wettbewerb für das schönste Lied beginnt, wollen alle Märchenwaldbewohner erst einmal gemeinsam singen.
Wenn ihr ganz still seid und abends am Märchenwald vorbeikommt, könnt ihr es sicher noch hören.

Lied vom Märchenwaldkonzert

Im Märchenwald ist heut Konzert,
und alle sind dabei.
Der Pitti fühlt mit einem Mal
sich gar nicht mehr so einsam
und merkt, platsch-quatsch, so ein Gesang,
der macht erst Spaß gemeinsam.
Wie schade, daß das schöne Fest
doch mal zu Ende ist,
wenn man es auch im Märchenwald
noch lange nicht vergißt.

ISBN 3-7333-0017-3

11. Auflage 1990

Lizenz-Nr. 111/B 35/90 · LSV 8367
Printed in the German Democratic Republic
Druck: Offizin Andersen Nexö,
Graphischer Großbetrieb, Leipzig III/18/38
Bestell-Nr. 780 045 1 (NM 521)
Mit Schallplatte
01380